自分をもっとも
ラクにする

質問に答えるうちに
悩みや不安が
消えていく

「心を書く」本

心学者 円 純庵

青春出版社

はじめに

心学とは「心を修める学問」のこと。
修めるとは「自分を磨き仁徳を積む」こと。
心とは「今、自分自身が思っている」こと。
その思っていることの質量で心が出来上がっている。

辛いと思えば、辛い心に。
楽しいと思えば、楽しい心に。
憎いと思えば、憎む心に。
愛と思えば、愛の心に。

心は無形、形は見えないが、その無形の心が現実を創る。

生きていれば多くのことを考える。
その思いの中に喜怒哀楽、感謝、恨(うら)み、妬(ねた)み、
僻(ひが)みなどの感情も生まれる。
その心が自分という人間と人生を創っている。

人生は人間関係によって成り立っている。

その基本が「仁・義・礼・智・信」の五徳。
この五徳が欠けると、人間関係に問題が生じる。
心を修めることは自分自身の心に五徳を学ばせること。

仁は思いやりの心。
義は守るべき人の道。
礼は人間関係の常識。
智は自分の心を観る力。
信は心の誠意。

五徳は心を豊かにして、人間関係を潤滑にする。
この五徳を観る、実践するのが心学。
日本精神の基本であり、「道」といわれる文化の基本です。

はじめに ❖

自分の心が強いか弱いか、自分自身では分かり難い。
自ら分かる、自ら分からない、それが「自分」。
たぶん、分からないことの方が多いはず。

しかし、過去の自分を観れば「心の強弱」が分かる。

頭の中で考えたことはやがて消える。
言ったこと、聞いたことはすぐに忘れる。
記憶の奥深くに沈み込み、
後日、思い出そうとしてもなかなか浮かび上がって来ない。

消さない為にも、頭の中で考えたことを書く。
自分が成長する為にも、過去の自分を観る。
過去の自分を観る為には、「心を書く」を学ぶ。

思うことを書く。
書けば記録として残る。
書かなければ記憶として残る。

記録と記憶とでは大きく異なる。

昨日のことですら完璧に覚えることは出来ない。
昨年や数年前になれば尚更のこと。

ところが書けば、何年前の記録を見ても、
その時の心が観える。

自分自身を成長させる為にも、
過去の自分、未来の自分を書いて、
その都度、自分を省みる。

記憶の過去は浅いが記録の過去は深い。
自分自身を観る最適の方法は「心の記録」が良い。
数年前の自分、数十年前の自分に会える。
過去の悩み、不安や現在の状況も観える。

日々の自分を書いてみよう。

過去の自分、現在の自分、未来の自分。
すべては「今」という瞬間の連続である。
その瞬間に自分自身の思うことが自分を創っている。
その積み重ねが人生となる。

はじめに

心学の実践である「心を書く」つまり「心書」。
自分自身が思い当たることを書いてみよう。
しばらく時を経て再度読み直し、訂正する箇所は書き直す。
何度も自分の心を読み直す為にも、素直な自分を書いてみる。

自分の心、相手の心、周囲の反応など、
こまめに書くことを勧める。

ただ、この「こまめに」が出来ない人間が多い。
面倒を乗り越えたところに「無駄」を省く力が生まれ、
「無理」な言動を防いでくれる。

人生で心の負担を創るのは、「面倒臭い」の言動である。
面倒を省く修徳を普段から心掛ければ、より気が楽になるはず。

現在の心を書いて、未来にそれを読む。
未来の自分を創るのは、過去と現在である。
未来の自分を創り、その時々の「心を書く」、そして読む。
過去、現在、未来を縦横無尽に巡る「心を書く」。

大事な人生、取り戻すことの出来ない自分の人生を、
これからでも遅くはない、悔いのないようにしていきたい。

まずはこの本で「過去」「現在」「未来」の自分を
素直に書いてみよう。

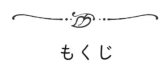

もくじ

はじめに ·· 3

本書の構成 ··· 14

本書の使い方 ·· 15

1章 「人間関係」を振り返る ············ 17

気にする ··· 20
他人からどう思われるかより「自分の心」を気に掛ける

約束 ·· 22
安易な約束は不義の元。自分自身の力量を見極めて約束をする

争う ·· 24
争いに因って問題が解決することは稀

立場 ·· 26
人間に高低はない。みな同じ位置にいる

仲間 ·· 28
あなたの友人はどのような人たちですか？ それがあなたの心を表しています

謝る ·· 30
失敗した時は自分を正す時。人はその様子を観ている

仁 ··· 32
何をしたらいいのか？ 相手の気持ちを考えると答えは出る

教える ········ 34
人に教えることで、知る、学ぶ、行うことの大切さを知る

慈しむ ········ 36
腹立ち、怒りを感じる人にほど、慈しむ心を持つ

意地悪 ········ 38
嫌味な相手の性格を哀れみ慈しむこと。これも人生の修養である

人と自分 ········ 40
人から学ぶ力が自分をより自分らしくする

陥れる ········ 42
劣等感を克服するのは、人を陥れることではない

豊かな人生のために・*1* 喜び ········ 44

2章 「自分自身」と付き合う ········ 45

礼 ········ 48
人としての信用度は礼を重んじ義を果たすことで決まる

貶す ········ 50
人を貶せば自分の心と金銭が貧しくなる

間を置く ········ 52
すぐに行動することが思わぬ誤解や間違いの元

学問 ········ 54
学問とは学歴や学識ではなく、自分を磨き仁徳を積むこと

言動 ········ 56
良かれと思っても、余計な言動は自分自身の評価を下げる

言い訳 ········ 58
言い訳をすればするほど、自分自身で心の成長を妨げる

欠点 ……… 60
欠点は誰しもある。意見はそれぞれ異なる

悪口 ……… 62
自分の会話は自分自身では気づき難い

挨拶 ……… 64
挨拶ひとつで他人からの評価は変わる

金銭 ……… 66
裕福かどうかは金銭の有無ではなく使い方に表れる

財産 ……… 68
心の財産は貯め、子孫に渡すことができる

飾る ……… 70
飾り物は飾り物に過ぎない。本来の自分を見失わないように

欲 ……… 72
欲は人間の生きる力である

求めない ……… 74
人に求める前に自分自身を省みる

消える ……… 76
やがては消えていく物にしがみついては自分自身が苦しいだけ

豊かな人生のために・*2* 思う ……… 78

3章 「人生」を受け入れる ……… 79

思い通り ……… 82
思い通りにいかないのは時間がかかるということ

天命 ……… 84
人生の良し悪しは死ぬ瞬間までわからないもの

もくじ

坂 ……… 86
上り下りに振り回されるよりも、人生の坂道を知る心の力が必要

省みる ……… 88
過去を見つめる勇気は今の自分を強くする

過去に感謝 ……… 90
過去という人生の大地をどう耕したかが、現在の実り

為すべきこと ……… 92
為すべきことを蔑ろにしていないか？

現実 ……… 94
未来に善い花を咲かすには、今善い種を蒔くことが大切

山への入り口 ……… 96
あなたが目指すべき頂への登山道を間違ってはいけない

窮する ……… 98
窮地に陥った時は成長の時。「自分が試されている」時

縁起 ……… 100
起きた縁は時とともに切れる。これは天地自然の法則

問題 ……… 102
幾多もの問題を乗り越えているあなたには強い心の力がある

豊かな人生のために・3　桜 ……… 104

4章　「成功」への道のり ……… 105

徳 ……… 108
当たり前のことを当たり前にできるようになると世の中はより綺麗になる

継続 ……… 110
自分を鍛えるのは自分自身の心しかない。逃げずに継続すること

11

報われない ……112
報われないと嘆く前に、結果がついてこない原因を探す

難しい ……114
難しいとは時間を要するということ

無理 ……116
しなくていいことで無理をしていませんか？　本当にあなたが為すべきこととは？

善事 ……118
自分を磨くことは自分自身も周りも明るくする

実践 ……120
心で思うことは実践してこそ実現する

成功 ……122
成功する人間の心に必要な「五徳」を修めよう

殿 ……124
あなたの持つ「責任」を逃げることなく果たす

誠実 ……126
自分の言動に「誠」があると実を結ぶ

豊かな人生のために・4　目先 ……128

5章　「心と体」を慈しむ ……129

心身 ……132
心と体は影響し合いながら「生きる」努力をしている

大小 ……134
枠を自分で決めずに、本当に大事なことを見出す

思い ……136
思いは現実に実現することができるもの。思えば必ず育ってゆく

怨み ……138
消えるべき怨みに執着していると苦しみが増大するだけ

嫌な気分 ……140
嫌な言動を相手にしない心は仁徳の基本です

傲慢 ……142
傲慢な人間ほど、他人の言動に左右される

限度 ……144
人生は心が創り出す。出来る出来ないの限度は心次第

清き水 ……146
平気で汚い言葉を話していませんか？　心の泉が濁っている証

気 ……148
生き生きとした人生を送るためには、心を整備しておくことが必要

深呼吸 ……150
呼吸は生きる力の原点。深く強い呼吸が心身に新しい力を入れる

歪む ……152
正しくないことをしていると心も体も歪んでくる

怒り ……154
すぐに怒りだす人は心の大きさを今一度見直してみる

徳 ……156
「仁の人生」を歩むことが徳を実践する生き方である

豊かな人生のために・5　雨天 ……158

本文イラスト／石村ともこ
本文デザイン／浦郷和美
ＤＴＰ／森の印刷屋

本書の構成

●心へのメッセージページ

各テーマに沿って、心を成長させていく為に意識したいことや、本来の心の在り方を解説しています。

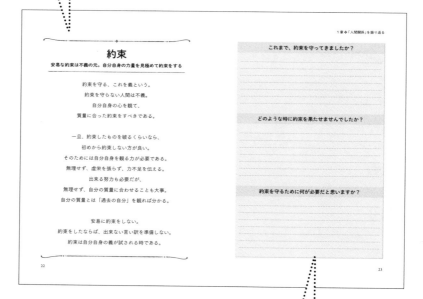

●心への質問ページ

各項目にあなたへの問いかけが3つあります。メッセージを踏まえて、あなた自身過去どう考えてきたか、今の心の様子を書き込んでみてください。

本書の使い方

● 最初から丁寧に読む必要はありません。まずは気になったページから始めてみましょう。

● メッセージを読んだら、問いかけに答えてみましょう。頭で思うだけでなく、書くということが大切です。ひと言、一行だけでもかまいません。

記入例

約束を守るために何が必要だと思いますか？

> お願いされても、できないことは
> できないと言う勇気を持つこと。
>
> 約束したことをうっかり忘れないように、
> 「約束ノート」をつくる。

● 時間をおいて読み返してみましょう。違う気持ちになっていることもあるはずです。そんな時は改めて自分の気持ちを書きたしてみましょう。

● 何度も繰り返すことで、あなたの大切な心を再発見できたり、悩んでいた自分に出会えたり、成長を読み取ることができるでしょう。

自分の心が
自分の人生を創る

1章

「人間関係」を振り返る

人生には多くの人たちとの出会い、また別離があります。
生き方は人それぞれですが、
常に誰かのお世話になり生かされています。

だからといって、人間に上下はありません。
如何(いか)なる人間もすべて平等であり、
思想や宗教、生活や文化に差などあり得ません。

それでも多くの人が、他人からの悪口や誹謗中傷、
僻(ひが)み妬(ねた)み、いじめなどの悪徳に悩み、
一方で自分も同じようなことをしてしまい、
人間関係をこじらせています。

円滑な人間関係のためにもっとも大事なことは、
「相手を思いやる」「相手を慈しむ」
「自分がされて嫌なことはしない」という
「仁」の心です。

最近の教育では「仁」を教えることも少なくなりました。
相手を思いやる心「仁」が欠けている為に、
いじめや差別が平気で行われているのではないでしょうか。

「仁」の心を修め実践することは、
社会でより良く生きていく為の基本です。
もし、悪深き人間と関わっていかないといけないとしても、
立腹することなく、怨みの心を持つことなく、
仕返しすることもなく、心の栄養と思いましょう。

誰しも間違いや不徳はあります。
先に自ら「仁」を実践して、
徳高き人間性を目指した方が人生はラクになります。

気にする
他人からどう思われるかより「自分の心」を気に掛ける

自分自身のことはそれほど気にしなくとも良い。

気にしようがしまいが、人生はそれほど変わらない。

他人はそれほどあなたを

常時評価しているわけではないのだから、

気にするほど自分の心身が疲れるだけ。

疲れる心身に成長はあり得ない。

気にするのは「自分の心」のみ。

これからの「為すべきこと」、

「学ぶべきこと」「行うべきこと」などの、

心の「べきこと」を常に省みて実践すること。

なぜ他人からの評価を気にしてしまうのでしょう？

あなたにとって心の「べきこと」とは何ですか？

自分の心を気にかける為にどのようなことをしますか？

約束

安易な約束は不義の元。自分自身の力量を見極めて約束をする

約束を守る、これを義という。

約束を守らない人間は不義。

自分自身の心を観て、

質量に合った約束をすべきである。

一旦、約束したものを破るくらいなら、

初めから約束しない方が良い。

そのためには自分自身を観る力が必要である。

無理せず、虚栄を張らず、力不足を伝える。

出来る努力も必要だが、

無理せず、自分の質量に合わせることも大事。

自分の質量とは「過去の自分」を観れば分かる。

安易に約束をしない。

約束をしたならば、出来ない言い訳を準備しない。

約束は自分自身の義が試される時である。

これまで、約束を守ってきましたか？

どのような時に約束を果たせませんでしたか？

約束を守る為に何が必要だと思いますか？

争う
争いに因って問題が解決することは稀

時として人と争うことがある。

争いの原因、それに伴う精神的負担、余計な言動。

争いに因(よ)って良い結果を得ることは稀である。

争いに因って人を蔑(ないがし)ろにすることは、

仁の心に欠け、悪の心が積もる。

武器を用いて争うことは人道上の悪事であるが、

人間関係での争いは善の解決法があるはず。

争いは仁徳にほど遠い。

また、争いと競い合うとは別物。

競い合い、互いに切磋琢磨して、仁徳を修めることは良い。

その結果、自分に不利であっても、相手を批判せず、恨まず、

妬(ねた)まず、仁徳を以って、生きれば良い。

なぜ争いが起きてしまうのか？　あなたが過去に起こした争いは？

争いで得たこと、失ったことは何ですか？

この先、争いの心を持たない為には？

立場
人間に高低はない。みな同じ位置にいる

人を見下げる人間は、元々高い位置にはいない。

見下げる人間ほど他人より低い位置にいる。

虚栄の位置を欲しがり、

人を見下げて優越感に浸る人間ほど徳性は下がり、

他人からの信用度も下がり、悪評が上がる。

逆に自分は低い処に居ると思い込んでいる人間は

高い処に居る人間を、

僻(ひが)む、妬(ねた)む、恨(うら)む、蔑(さげす)むなど不仁の言動に及ぶ。

人間に高低はない、人間ならば皆同じ位置に居る。

心の中に高低を創っているだけ。

人は人、自分は自分。

人も自分もすべて同じ。

心の高低とはどのようなことだと思いますか？

これまでに他人を見下げたことはありませんか？

心に高低を創らない為にはどうしたらいいですか？

仲間

あなたの友人はどのような人たちですか？　それがあなたの心を表しています

悪深き人間には悪深き人間が集まり、

さらに悪を深める。

徳高き人間には徳高き人間が集まり、

さらに徳を高める。

人間を観る時は友人や知人を観れば分かるという。

自分の友人にはどのような人格の人間が多いのか？

もし、集まっては他人の悪口を言い合い、

自分たちの劣等感を隠し、他人を引きずり落とすようであったら、

決して同じような感情を持ってはいけない。

何事も他人の存在は心の栄養にする。

1章 ❖「人間関係」を振り返る

人の悪行を観た時にどう感じましたか？

人の振る舞いからどのようなことが学べますか？

これから悪行や善行に出会ったら、何を学び取りますか？

謝る
失敗した時は自分を正す時。人はその様子を観ている

失敗したり、間違ったら言い訳はしない。

人は言い訳を聞かず、その人の人格を観る。

言い訳が上手い人ほど、信の力が及ばない。

謝るのが最善。

謝る心を感じるのが「感謝」。

失敗しても間違っても、

自分を正す。

その為にも他人の目は必要。

だから、感謝を忘れずに「謝る」。

失敗した時にまず心に浮かぶのはどのようなことですか？

失敗や間違いをした人のどこを観ますか？

失敗の何に感謝できますか？

仁
何をしたらいいのか？　相手の気持ちを考えると答えは出る

仁を簡単に言えば、
喉が渇いた人に綺麗な水を差し上げること。

綺麗な水は美味しく、飲んだ人も心地よい。
それに対して汚く濁った水を与える人は不仁である。
誰しも汚く濁った水など飲みたくはない。
また、飲めないような熱い湯でもいけない。
冷たく凍った水も飲めない。

相手の具合を観て、どのような温度の水が良いのか、
それを判断して差し上げるのが「仁徳」である。
これは、もし反対の立場で水が欲しいと思ったら、
その気持ちが答えである。

あなたが考える心配りの仁とは？

仁の心が足りないのはどのような時ですか？

これから、いつ、どのような仁徳を実践していきますか？

教える
人に教えることで、知る、学ぶ、行うことの大切さを知る

教えることは学ぶことである。

教える為には、教えるべきことをまず学ぶ。

教えてすぐ相手が理解するわけでもない。

教えることの難しさを学び、

自分自身の知恵を働かせ、次なる学問を修める。

学問は自分が得るべき知識、それを通した実践である。

教えることは普段の生活にある。

人に教え学ぶことを覚え、

知ること、行うことの大切さを理解する。

日々、自分が「為すべき教育」を考えてみよう。

人に教える時に何を大事にしたいと思いますか？

自分自身を教育してきましたか？

これから自分が為すべき教育とは何でしょうか？

慈しむ
腹立ち、怒りを感じる人にほど、慈しむ心を持つ

自分をいじめる人間、嫌味なことを言う人間、

妬みや僻み、誹謗中傷を言う人間。

気にすればするほど腹が立つだろう。

考えるだけでも気が落ち着かない。

しかし、それらを言う人間はもっと強い心の病を持つ。

特に劣等感が強い人間ほど、他人を蔑ろにして、

自分の劣弱さを隠し、強がりの言動に出る。

そのような人間から嫌なことを言われた時は、

相手の劣等感を慈しむ心を持って、自分自身の心を安定させる。

自分が思うことは「心にある善」を植えることになる。

相手を思うことは「心にある善」を相手に植えることになる。

嫌な気持ちにさせられる相手を考えると、どのような心になりますか？

慈しむとはどういうことでしょう？　人を慈しんでいますか？

苦手な人を慈しむ為には？

意地悪
嫌味な相手の性格を哀れみ慈しむこと。これも人生の修養である

嫌味なことを平気で言う人間は、
心の味そのものが「嫌な味」を持つ。

意地悪する人間は自分が劣っていることから逃げたい、
また、劣っていることを認めたくない。
自分を修養するのではなく、
人を陥れることに専念する為、
いつまでも人に意地悪をして、
自分をごまかしている。

もし意地悪されたら、
相手を哀れんであげることが仁徳である。
慈悲の心がまさに「仁」の心。
意地悪を通して人間学を修めよう。

1章 ❖「人間関係」を振り返る

意地悪をするのはどのような時ですか？

嫌なことをされた時の気分は？

嫌なことをしない、嫌味を言わない心を創るには？

人と自分
人から学ぶ力が自分をより自分らしくする

人の長所や短所を観る。

人は人、自分は自分。

しかし、人から学ぶ力が自分をより自分らしくする。

松は松、菊は菊。

しかし、如何なる植物であっても陽の光と風雨は同じ。

環境は違えども、「生きる」という現実は同じ。

すべて受け取って、それぞれの成長に役立てている。

人の良い点を学ぶ、大きな心を修めよう。

人は人、自分は自分、勝手に生きることではない。

何を学ぶかは自分自身の心が知っている。

人の良いところから学んだことは何ですか？

人の欠点や短所から自分が学んだことは何ですか？

人を観る力をどう伸ばしますか？

陥れる
おとしい

劣等感を克服するのは、人を陥れることではない

自分の心奥深くに劣等感を持ち、
他人への僻み妬みが強い人間は、
自分が憎い人間の欠点を探し出し、
誹謗中傷などの書き込みをする。
人を陥れたように自分で思っているが、
反対に自分自身の徳性を落としている。

徳とは「仁・義・礼・智・信」を実践すること。
人を陥れても
「仁」を失い、「信」を無くし、
他人から距離を置かれ、自分が惨めになるだけ。

自分に潜む劣等感は誰しも少なからずある。
それを克服するのは修徳。
日々、学問に励み、「仁・義・礼・智・信」を修め、
少しでも社会や人間関係に役立つ人間を目指そう。

なぜ人を陥れたくなるのでしょう？

これまでに人を陥れたことはありますか？

自分の徳性を高める為に何をしますか？

豊かな人生のために・1

喜び

他人の喜びを踏みにじることは、
人間として最も恥ずべき不仁である。

如何なる人間も喜びを持つ。

買ったもの、食べた物、身に付けている物、
楽しみ、喜び、思い出など。

不仁者は平気で悪口を言う。
もし、自分自身がされたら嫌な気持ちになるだろうに。
一緒に喜んでもらえたほうが嬉しいだろうに。

あなたの口は災いの元か？
幸福の元か？

2章

「自分自身」と付き合う

千円の食事で人生が変わることは少ないですが、
千円で買った本で人生が変わることはあります。

身体の栄養も大切ですが、
心の栄養はさらに大切なものです。

人生は多くの艱難辛苦を迎えます。
心身共に疲れることも多々あります。
また、人間関係で憎むこともあるでしょう。

乗り越えるためには、十分な心の栄養が必要です。

また、逆境に思える状況は、
なぜ自分自身にそのようなことが起きたのか、
その経緯や原因を観ることによって、
活きた学問を修めることができる、
まさに人間学の好機です。

不幸や禍と思うのは自分自身の心です。
どのようなことからも、学ぶことを忘れずにいれば、
心を大きく成長させる栄養にすることができます。

日々、自分自身の心を育てていれば、
それは自分の人生で咲き、実を結びます。

礼
人としての信用度は礼を重んじ義を果たすことで決まる

礼を重んじる人間は同時に義にも篤(あつ)い。
義に薄い人間は礼にも欠ける。

自分の信用度を高める為にも、
礼を重んじ、義を果たすことが大事。

決して難しいことではなく、人として当たり前のこと。
自分自身で礼と義を修め、人や子に教える。
教える為にも心を修めなければならない。
聖賢の言葉を学び、自分なりに実践していこう。

2章 ❖「自分自身」と付き合う

誰に礼を習ってきましたか？

礼を教える為に何が必要だと思いますか？

礼を知ればどうなると思いますか？

貶す
けな

人を貶せば自分の心と金銭が貧しくなる

人を貶す人間は、人を教え諭す心の力に欠ける。

貶すとは「貝と云う金銭」と「乏しい」の組み合わせ。

人を貶せば金銭と自分の心が乏しくなる。

貶すばかりで「何を直すべきか」を、

教えることが出来ない。

もし、人から貶されても気にしなくとも良い。

相手は悪気で話しているだけである。

悪気に乗ってしまえば、先方の思い通りになる。

人間、言われれば多少気になるだろうが、

これも人生の修養。

相手の悪気を使い、自分自身の成長に役立てよう。

同時に相手の悪気という仁の欠如に、

徳を以って、慈しみの心を持とう。

「出来ない」と思う人は、出来ない努力をしている。

思うことは善悪関係なしに「心の努力」である。

なぜ人を貶してはいけないのでしょう？

これまでに人を貶したことはありませんか？

人を貶さない心を持つにはどうしたらいいでしょう？

間を置く
すぐに行動することが思わぬ誤解や間違いの元

深く考えずにすぐに動かない。

急がず、焦らず、いったん心の動きを止める。

物事、すぐに言動せず、しばし間を置く。

一呼吸の「一」、「間を一旦置く」の「一」、

「一」は大事な「間の時」。

言動を急がず、焦らず、「一時、間を置いて」から言動する。

正しきことは相手と自分の流れを観てから進むこと。

特に一呼吸を忘れずに。

自分を省みる時間は正しい言動を創る。

言動に移る前に一呼吸、間を置いてきましたか？

なぜ間を置くことが大切なのでしょう？

心の動きを一度止めるにはどうしたらいいですか？

学問

学問とは学歴や学識ではなく、自分を磨き仁徳を積むこと

学問は自分を修めることであり、

人や書から学んで実践を行い、

その成果を自分自身に問うことである。

学校のように通わなくても、

実生活で十分に学問を修めることは出来る。

しかし、学問を学識や専門知識の習得と勘違いをして、

難しい分野と思う人が多い。

自然現象、社会や人間関係などから、

また聖賢の書からも学ぶことが出来る。

難しいのではなく、学問の仕方を知らないだけ。

学問は自分を磨き仁徳を積むこと。

学歴や学識で名を上げることではない。

学問に学識や学歴などは不問。

自分自身の心一つで修めることが出来る。

学問にはどんな意義があるでしょう？

過去、どのようなことから学びを得ましたか？

実生活で学びを修めていく為には？

言動
良かれと思っても、余計な言動は自分自身の評価を下げる

社会や人の為に良いことをしようと思っても、
結果としてそれが良いとは限らない場合がある。

特に対人関係で「その人の為」と思い、
善事を行ったとしても、
その人にとっては「お節介」、
「余計なこと」になる時もある。
確かに善事の言動は素晴らしいが
余程、社会や対人関係、
相手を観なければ出来ないかもしれない。

それより、まずは余計な言動を控え、
社会や人の為に、
嫌なこと、迷惑を掛けないことを
心掛ける方が良い。

余計な言動とはどのようなことでしょう？

過去に失敗した余計な言動はどのようなものですか？

余計な言動を抑える為には何ができますか？

言い訳
言い訳をすればするほど、自分自身で心の成長を妨げる

心の成長が遅い人間は言い訳が多い。

しかも、言い訳はすればするほど上手になる。

人間、本来持っている「素直」が心の奥にしまい込まれ、

表に出られなくなってしまう。

素直でない人間ほど、

他人の助言を聴くことが出来ない。

人間、誰しも善悪の基本は理解している。

でも、それを邪魔するのも、自分自身の心である。

言葉は人間関係に大事な存在。

余計な言い訳を話すより、黙って聴いていた方が良い時もある。

今の自分は素直ですか？

どのような時に言い訳をしてしまいますか？

言い訳をしない自分を創る為にはどうしますか？

欠点
欠点は誰しもある。意見はそれぞれ異なる

他人から良いところ、学ぶところを探す人間は、

心の栄養を摂ることが出来る。

人の欠点を探す人間は、自分の欠点を隠す。

人に隠すのではなく、自分自身の心を欺き隠す。

他人の欠点を拡大し、自分の欠点を縮小し、

自分自身を正当化する。

自分の間違いを自分自身否定し、

仁の心を失い、人を責め始める。

欠点は誰しもある。

自分がされて嫌なことを人にしない。

人に嫌なことをすれば、その種を自分の心に蒔くことになり、

やがて、自分にとって「嫌なこと」の種が芽を出し始める。

人の欠点を見つけたらどうしますか？

人の良いところを探すのは得意ですか？

最近、人から得た学ぶべきことは？

悪口
自分の会話は自分自身では気づき難い

人間、誰しも好悪の感情を持つ。
好きな相手を貶(けな)すことはないが、
嫌いな人間のことは批判し、悪口を言う。

人間としての徳は「心に起きた感情」を、出すか否かである。
人間、誰しも口にしたい感情はある。

それを口に出したことで最も悪く思われるのが、
自分自身であることに気がついて欲しい。
他人の悪口を言えば、気持ちは良いかもしれないが、
その自分が次の悪口の対象になり、いつか自分自身に聞こえ、
嫌な思いをすることになる。

自分の会話は自分自身で気づき難いもの。
話す前に「間」を置いて、内容を確認し、「仁」の言葉にする。

言葉の仁とは？

悪口を言ってしまう時はどのような心の状態ですか？

悪口を言いたくなった時、言葉に仁の心を込めるにはどうしますか？

挨拶

挨拶ひとつで他人からの評価は変わる

人間、誰しも人に好き嫌いの感情を持つ。

好きな人には挨拶をするが、嫌いな人とは挨拶を交わさない。

確かに感情的に挨拶したくない時もある。

「人の眼は気にしない」と思えば、それでも良い。

しかし、嫌いでもひと通り挨拶が出来る人間は、

心が大きいと思われる。

挨拶を軽んじてはならない。

「仁・義・礼・智・信」の礼徳である。

好き嫌いが多い人は人間関係に限らず、

言動に偏りがあり、損することも多いのではないか。

性格もそれぞれあるが、他人が心を観る為に、

「仁・義・礼・智・信」の徳を弁(わきま)えた方が、

他人の目を気にすることもなく、気軽に生きやすい。

挨拶はなぜ必要だと思いますか?

自分の挨拶はできていますか?

感情的に挨拶をしたくない時はどうしますか?

金銭
裕福かどうかは金銭の有無ではなく使い方に表れる

金銭に余裕はあった方が良いに決まっている。
しかし、皮肉にも知恵が働くのは、
金銭に余裕がない時である。

もしくは、たとえ金銭に余裕があっても、
倹約の心があれば、自ずと工夫を考える。
金銭の有無より、捨てずに工夫をすることが、
自分自身の知恵を成長させる機会になる。

金銭は人間としての信用度を計る対象。
人柄が良くとも、金銭管理、返済義務に疎いのでは、
未来の人生における協力者は少ないだろう。
自分の仁徳を落とすような使い方は避けるべきである。

金銭に余裕がない時、どう乗り切りましたか？

今、余計なお金を使っていませんか？

お金を使う上で大切なのはどのような心でしょう？

財産
心の財産は貯め、子孫に渡すことができる

財産を貯め、使うことなく死去すれば、
その財産は子孫が受け取ることになる。
財産が多ければ子々孫々にまで残る。

金銭の財産もそうであるが、
善悪の財産も然り。
心に善悪の財産を貯めれば、
子孫がそれを受け取ることになる。

善も悪も貯めることが出来、
子孫に渡すことが出来る。

心にどのような善悪が貯まっていますか？

子孫には自分のどの心の財産を渡したいですか？

これから心に貯めていきたい善悪とは？

飾る
飾り物は飾り物に過ぎない。本来の自分を見失わないように

一度飾った物は、外さなければならない。
心の飾りも同じこと。
虚栄心で飾った巧言(こうげん)はいつか外さなければならない。
外見上の飾り物と違い、
心の飾り物を外すには勇気が要る。
自分を大きく見せたい為に飾った理由があるので、
いつまでも虚栄の自分を飾り続ける。

心が疲れ、心を病むのはこの飾り物が重過ぎる所為である。
次から次へと飾り続け、その重さで自分自身が疲れ、
やがて、自分を見失う。

人間、多少の飾り物は必要かもしれないが、
すぐに取り外し出来る程度にした方が良い。
心の飾り物はただの飾り物に過ぎない。

心を飾るとはどういうことでしょう？

過去に心を飾ったのはどのような時でしたか？

飾ることのない自分を創るにはどうしますか？

欲
欲は人間の生きる力である

動植物にも欲がある。

「生きる欲」、「子孫を残す欲」、「進化する欲」。

すべては生命の欲である。

しかし、それ以上の欲は持たない。

天地自然の万法に従い、

無理せず、素直に生きている。

人間の「欲」は「生きる力」でもある。

但し、「欲」にも善欲と悪欲があり、

心の中で入り混じっている。

善が強いか、悪が強いかは、心次第。

普段、どちらの欲を鍛えているのかで、

人生が大きく変わる。

心の欲を観る「心眼」を鍛えよう。

自分にとって欲とはどのような存在ですか？

これまでどのような欲を持ってきましたか？

あなたが考える自分を成長させる欲とは？

求めない
人に求める前に自分自身を省みる

自分の失敗や失態の原因を、

人に求めてはいけない。

人の所為にしてはいけない。

それらは自分の心から出たものである。

心の中に「逃げる癖」を持つことは、

心の大地に咲く花の種を、蒔かずに捨てることと同じ。

自分自身から逃げれば、その影は大きくなるばかり。

人に求めず、人を責めず、人を蔑ろにしない。

まずは自分の心を省みる徳を修めよう。

2章 ❖「自分自身」と付き合う

失敗の原因を人の所為にしたことはありませんか？

失敗した時に自分の非を見つける為には？

失敗の原因を自分の中に見つけたら、どう次につなげますか？

消える
やがては消えていく物にしがみついては自分自身が苦しいだけ

燃えた物はやがては消える。

やがては消える感情、

消える事象にしがみつく。

消える感情や燃え滾(たぎ)る感情にしがみついても、

そのものの感情が消えたら、

しがみついた感情のみが残り、

自分自身を苦しめる。

しがみつくことは水に漂うことと同じで、

しがみついた物が沈めば、やがて自分も沈み溺れる。

終わったことにしがみついたことはありませんか？

感情にしがみついた未来はどうなると思いますか？

感情とどう付き合っていくといいでしょうか？

豊かな人生のために・2

思う

日々、心で思ったことがやがて現実になります。
思うことは「心の田」。
心に苗を植え付け、
思い続けると、苗は成長し、実となって現れます。
これが「思」「現実」の由来です。

これは心の中に起きる善悪双方に作用します。
自分が目指す自分の人生を思い続けて下さい。
心に迷いがなければ、それに従い成長します。
迷いはその苗を踏みつぶすこと、引き抜くことです。
苗はやがて米になります。
「迷い」の字はその米をどこかに運んでしまうこと。
日々、心で思うことが自分自身であり、人生そのものなのです。

3章

「人生」を受け入れる

過去の自分、現在の自分。
その自分が未来の自分を創ります。

では、どのように自分を創るのでしょうか。

未来に於いては過去の心が残っています。
例えば、三年後に観る過去の自分。
その時の悩みや不安がどのようになっているかを
知る方法は、現在の心を書いて、未来にそれを読むことです。

多くの人は観えない未来の道ばかりを観ようとしています。
だから、常に不安や心配ごとに支配され、
他人の声に振り回され、
ついには自分の人生から逃げてしまうのです。

たとえ行き詰まっているような状態であっても、
それは自分の心一つ。

人生には多くの禍福が訪れます。
それは不幸と幸福が一体となり、
考え方や使い方でどちらにもなるものです。

都合の良いことは自分が選んだと思い、
嫌なことや苦しいことは他人や社会の所為(せい)にしていませんか？

如何(いか)なる過去も戻すことはできませんが、
自分の心を観て、自分の心を書き、
自分自身を省みることを続けていれば、
必ず未来の道が観えてきます。

思い通り
思い通りにいかないのは時間がかかるということ

思い通りにいかない。

自分が思ったことがなかなか出来ない。

ましてや他人など、より思い通りにはいかない。

思うことは

農耕と同じで時間を要する。

思い通りにいかないのは失敗ではなく、

それ相応の時間が掛かるということ。

思い通りにいくには、耕作の準備や段取りがある。

まずは一歩一歩進むことを忘れず、

途中で自分自身から逃げることなく、

晴天、雨天があることは当たり前と思い、心を耕し育てよう。

自分に要する時間、他人に要する時間。

時間の長短はあるが、継続が基本であり、

最も必要な力である。

思い通りにいかない時、何が原因だったのでしょう？

思い通りにする為に必要な準備は何ですか？

次に思い通りにいかないことが起きた時、どうしますか？

天命
人生の良し悪しは死ぬ瞬間までわからないもの

人生、振り返ってみれば、

自分自身が選んでいない道を歩いている時もある。

自分自身が選んだ道を外れる時もある。

初め、どちらが良いか悪いかも分からない。

結果が良し悪しを決める。

しかし、その結果さえ、のちのち変わることもある。

死ぬ瞬間までわからないのが人生。

死んでからも偉人や罪人になることすらある。

すべてが終わり、時を経てこそ、自分自身の天命が観える。

憎いことも、悔しいことも、楽しいことも、

心という大地に天が与えた「心の肥し」。

決して悔やむことなく、すべての時に感謝をし、

自分が天によって動かされている「力」、

天命を感じ取る敏感な心を持つ。

3章 ❖「人生」を受け入れる

天によって動かされていると感じるのはどのような時ですか？

天命に気づくには何が大切だと思いますか？

自分の天命は何だと思いますか？

坂
上り下りに振り回されるよりも、人生の坂道を知る心の力が必要

人生、多くの坂がある。上り下りの坂は人生そのもの。
行ったり来たり、上り下り、笑いと涙の人生。
落ち着くところが自分に相応しいところかもしれない。

自分の心に合った適所が何処なのかは観えない。
人生という長い道、如何なる荷物を背負うのか、
それは自分の心一つ。
人間、上り坂の時は活気や希望もあるが、
一旦、下り坂になると悲嘆や失意に落ちる。
しかし、如何なる人間も人生に上り下りはある。
下り坂では間違っても自分自身で加速しないように、
自分の心を観て、自分の心を書いて、自分自身を判断しよう。

人生の坂道を観る心の力こそが、
坂道を歩く為の安全な方法と成り得る。
人生の長い道のり、まだ多くの坂道が待っている。

3章 ❖ 「人生」を受け入れる

人生の坂道とはどのようなものでしょう？

過去にあった坂道をどう歩みましたか？

未来に起こりうる坂道はどのようなものが考えられますか？

省みる
過去を見つめる勇気は今の自分を強くする

自分の力がどの程度かは過去を観れば分かる。
分かるべきことが分からないのは、
自分を省みることを知らないか、省みる勇気がない小心者か。

自分を大きく成長させようと思うならば、
こまめに自分を省みることが大事。
過去の善悪を省みなければ、次の自分を直しようがない。
自分の心が成長しないのは、
自分自身を省みる力や勇気がないせいであることが多い。

自分から逃げるのは、自分自身を放棄すること。
一生付き合う自分自身、誰が育てるのか。
他人の言葉はあくまでも助言。

自分を省みる、言動を省みる、周囲への影響を省みる。
日々の自分自身が為すべき、自分自身への努めである。

自分にとって「省みる」とはどのようなことですか？

省みる勇気を持てないことはありますか？

こまめに省みる習慣を持つ為には？

過去に感謝
過去という人生の大地をどう耕したかが、現在の実り

自分自身の過去、それは自分の心が創ってきたこと。

取り戻すことの出来ない過去、直しようもない過去。

嫌な過去もあるだろうが、

それも自分自身が創り出した過去。

過去を憎み、悔やむより、

自分の心を成長させた過去に感謝をする方が良い。

過去は自分に必要な栄養を与え、未来の心を成長させる。

過去を蔑ろにする人間は、

過去と云う人生の大地からの収穫を得ることが出来ない。

過去に感謝をし、自分の糧として、未来の自分創りに役立てる。

辛く悲しいこともあるだろうが、今、こうして生きている。

どのような人間も自分だけの過去を持ち、

その人なりの人生を生きている。

未来の人生は過去の延長線にある。

過去に感謝するのはなぜですか？

これまでの過去、素直に感謝できますか？

過去への感謝の心を持つ為には？

為すべきこと
為すべきことを蔑ろにしていないか？

日々、自分自身に与えられた「為すべきこと」がある。
「為すべきこと」に気がついた人間は幸いである。

しかし、「為すべきこと」に気がつきながら、
何もせずにいる人間は、持っている食物を放置し、
腐らせるようなものである。
やがて、それは匂い、臭く嫌な思いをする。

「為すべきこと」は大小異形。
特に「小さい為すべきこと」を見落とさないように。

あなたが日々為すべきことは何ですか？

やり残していることに対してどのような気持ちですか？

為すべきことを見落とさない為にどうしますか？

現実
未来に善い花を咲かすには、今善い種を蒔くことが大切

今、自分に起きている善事悪事は突然降って来たわけではない。

過去の人生に善事の種、悪事の種を蒔き、

芽を出し、花を咲かせ、実を結ばせる。

それが「実となり現れ」、現実となる。

善悪は時の流れではなく、心の中にある善悪の種に因る。

善事の花や実は過去に蒔いた善の種。

悪事の花や実は過去に蒔いた悪の種。

善悪は人の所為ではなく自分自身の心にある。

ならば、人に迷惑を掛けない、人の嫌がることをしない、

善事の種を蒔くようにすれば良い。

それでも心に悪は芽生えるので、手入れを怠らないこと。

3章 ❖「人生」を受け入れる

あなたが実を結ばせていることとは？

過去にどのような種を蒔きましたか？

未来のためにどのような種を蒔きますか？

山への入り口
あなたが目指すべき頂への登山道を間違ってはいけない

山へ登る為には多くの登山口がある。

高く大きい山になればなるほど登山口も増える。

世の中には多くの「教え」がある。

その頂上は「完成された人間」聖なる頂であろう。

万民に仁愛の心を持ち、怒り、

憎しみ、争い、執着などの迷いや悪感情なく、

心が安定している高徳の人間を目指す。

登山口はそれぞれあるが目指す頂は一つ。

他人の登山口を批判するようでは、

登る途中で心が挫折してしまう。

それは余計な言動が自分自身を疲れさせるからである。

山にもそれぞれ高さがある。

自分に合った高さの山を探し、その頂を目指す「心の力」をつけ、

心を磨き、多くの方々から慕われる自分に成ろう。

今、人生に目標の山はありますか？

頂を目指すため、あなたに最適なルートとは？

どのような登り方をしますか？

窮(きゅう)する

窮地に陥った時は成長の時。「自分が試されている」時

人生、生きていれば窮する時もある。

窮するとは物事が行き詰まった状態。

しかし、この時にこそ多くの知恵が生まれる。

これは生き物の本能かもしれない。

生き残る為の進化とは辛苦の時にこそ生まれる。

平安時には知恵は働かない。

苦労した人間に知恵者が多いのは、この進化現象であろう。

もし、窮地に陥った時は、「自分が試されている」と思えば良い。

ただ、すぐに名案が出るわけではない。

試行錯誤の上に名案が生まれる。

窮地は心が進化する好機である。

決して自分自身から逃げることなく、

窮地から知恵を得る心の進化を目指そう。

過去に行き詰まりを感じた時、どのような行動をしましたか？

窮地を乗り越えた時に一番糧となったのは？

窮地を乗り越える知恵を生む為には？

縁起

起きた縁は時とともに切れる。これは天地自然の法則

死は縁起が悪いという。

人間、生まれた時点から縁起の悪い死に向かって生き続ける。

残された人間にとっては悲しいことであるが、

本来、死は縁起の悪いものではない。

縁起は「起きた縁」。

生まれた時「人生」「肉親」との縁が起きる。

その縁も時が経てば切れ、

最期は自分の縁もこの世から切れる。

これも天命である。

縁は起きて消えていく、ただそれだけのこと。

それが天地自然の万法。

3章 ❖「人生」を受け入れる

死はあなたにとってどのような出来事ですか？

これまで消えていった縁に対して何を感じましたか？

縁とどう付き合っていきますか？

問題

幾多もの問題を乗り越えているあなたには強い心の力がある

人生には多くの問題が起きる。

良いこともあれば、悪いこともある。

それらをすべて乗り越え、今がある。

辛いことも楽しいこともすべて過去の思い出。

自分には乗り越えられる心身の力がある。

これからも来るであろう苦楽の数々。

逃げることの出来ない天命である。

あなたが強く優しくなる為の苦楽である。

あなたが過去に対峙した試練とは？

問題を乗り越えた時に得たものは何でしたか？

この先問題が起きた時、どのようなことに役立てますか？

豊かな人生のために・3

桜

桜は樹木全体であり、花だけを指すのではない。

桜として存在するのは天命。

花びらはその時々の運命である。

花が散っても桜は桜。

誰も観てくれなくとも桜の樹。

人生も然り。

自分が自分であることは天命。

成功失敗、幸不幸は運命である。

4章

「成功」への道のり

成功しない人間には、運不運もあるかもしれません。
しかし、運は自分自身の心が運んでくるものです。

成功しない人間を観れば、
環境や才能よりも
「仁・義・礼・智・信」の
五徳に欠けることが多いものです。

そして多くの場合、このことに気づいていません。
多くの人が間違った成功の法則を修めようと
躍起になっています。

心を軽んじ、自分さえよければと、
他人をだましたり、欺いたりして、
平気で人を傷つけるようになると、
「天罰」が訪れます。

この天罰は自己修正の教訓です。

多くの事象を与え、大きな影響を与え、
わかるまで、試練を以って本人を改心させます。

手軽で自分さえよければいいという
間違った成功法則に惑わされてはなりません。
悲しいことに現在の教育では「人の生き方」を
教える環境、人間が少ないのです。

五徳を修めることで、
人として生きる所以を学び続ける。
成功への道はこれしかありません。

徳
当たり前のことを当たり前にできるようになると世の中はより綺麗になる

塵(ごみ)を捨てる人間は不徳。

塵を拾う人間は有徳。

徳とは「当たり前」をすることである。

それは、目の前にある「為すべきこと」に当たること。

もし塵を捨てない心を多くの人が持てば、

塵を拾うこともない。

徳心の人間が増えれば、世はより綺麗になる。

まずは自分自身が出来る徳行を心掛けよう。

為すべき当たり前のこととは？

ふだん、当たり前に為すべきことをしていますか？

自分ができる徳行を考えてみましょう

継続
自分を鍛えるのは自分自身の心しかない。逃げずに継続すること

一旦決めたことを行動に移す。

初めは良いが途中で挫折する。

面倒臭い、無理、辛い、自分に合わない、

忙しいなど多くの言い訳が

心の中に発生し、自分の挫折を正当化する。

自分を正当化し、原因を他に求める為、

自分で自分自身を変え、育てることが出来ない。

何事でも最低三年は継続することである。

三年は千日以上。

千日以上逃げずに専念すること。

自分を鍛えるのは自分自身の心しかない。

あなた自身を育てるのは「心の力」です。

一生付き合う「あなたの心」です。

継続の為に必要な心とは？

これまでの継続力はどうでしたか？

今後、自分の継続力を上げる為には？

報われない

報われないと嘆く前に、結果がついてこない原因を探す

物事が報われない。

結果が思わしくない、成果が上がらない。

このような時、自分の心という大地に蒔いた種が、

どのように育っているのか、こまめに観察しなければならない。

農業ならば自分の畑に行き、育ち具合を観るのは当然のこと。

手入れが悪ければ実らない、放置すれば雑草も生える。

肥料や水も必要であり、果実を結ぶまで時間を要するもの。

結果がでないのは、時間を要するのか、栽培が悪いのか、

原因があるはず。

ならば頭の中で考えず、自分の畑に行き、

育たない原因を探し、修正しなければならない。

報われないとあきらめずに、

心の大地において栽培し直せば良い。

その為に自分の「心を観る」「心を書く」ことが大事。

4 章 ❖「成功」への道のり

報われないとはどのようなことだと思いますか？

なぜあなたは報われないのでしょうか？

報われる為に必要な未来の心は何ですか？

難しい
難しいとは時間を要するということ

難しいから中断するのではなく、
難しいという事象は実現化するまで、
時間を要すると思えば良い。

自分に与えられた難事は、
実現するまで「自分の修養」と思い、
言動の種を結ばせること。

難しいから止めるのではなく、
難しいから「いろいろ考える修練」に切り替えよう。

難しいからと諦めてしまったことはありませんか？

どうして難しいと続けることができないのでしょう？

難しい問題にぶち当たった時、どう対処しますか？

無理

しなくていいことで**無理**をしていませんか？　本当にあなたが為すべきこととは？

無理をしない。

無理とは理(まこと)が無いこと。

理が無い場合の願いや言動は叶わない。

昔より無理は禁物という。

真理はそこに理の真がある意味。

真理は「まことの中のまこと」。

ただ、真理に気づく人間は少なく、

気づいても何もしない人間も多い。

「理」は「自分が為すべきこと」「人として為すべきこと」。

自分における「理」について大いに考えよう。

過去にあった、やらなくてよかった無理とは？

あなたの「理」とは何ですか？

為すべきことをやり遂げる為には？

善事
自分を磨くことは自分自身も周りも明るくする

自分が善いと思ったことが、

他人の僻(ひが)み、妬(ねた)み、恨みになることもある。

妬み、僻みは善事が出来ない人間から出て来る感情。

出来ない人間ほど出来る人間を僻む妬む。

でも、それらの人々は「心を修める学問」を知らないだけ。

心を修めることは、自分を磨くことである。

磨くことは元々「心にある光る石」をより輝かせ、

自分自身や周囲に明るい環境を創ることである。

すべての人が、持っている「心の輝石」を磨こう。

4章 ❖ 「成功」への道のり

善いことをしてきましたか？

周囲が明るい環境になるような自分磨きとは？

心の輝石を磨く為にどうしたらいいと思いますか？

実践
心で思うことは実践してこそ実現する

講習や研修を受けても、
それを実践しなければ実現しない。

実現の種を貰っても田畑に蒔かないのと同じ。
受け取るばかりで蒔きもせず、
知識だけが増え、習得のみで満足する。
時が経てば田畑に出る力、蒔く力も衰える。

何事も実践し、実行、実現。
そうして現実が創られていく。

何事も実践してきた、と言いきれますか？

やればよかったと悔やんでいることは？

素晴らしい学びや気づきがあったらどう実践しますか？

成功
成功する人間の心に必要な「五徳」を修めよう

人生や仕事、家庭で成功する人間と失敗する人間の心の差は、
「仁・義・礼・智・信」の五徳があるか否か。

「仁」は人を思いやる心、「義」は人との約束を守る心、
「礼」とは人への感謝の心、「智」とは自分を観る心、
「信」とは誠意の心。

これらを修めようとする人間は人から信用され、
人生や仕事は大いに成長するが、
修めない人間は人から信用されなくなり、
人生や仕事は伸び悩む。

時の運不運もあるだろうが、他人は自分の心を観ている。
他人から自分への評価は自分が持つ心の評価である。

心に修めよう「仁・義・礼・智・信」五徳の道。

五徳のうちあなたが欠けていると思うものは？

自分の五徳を育てていく為には？

五徳の心を修めると人生や仕事に変化が起きるでしょうか？

殿(しんがり)

あなたの持つ「責任」を逃げることなく果たす

殿と書いて「しんがり」と読む。
通常は「との」である。
「しんがり」とは負け戦の時に、
部隊の最後尾を守ること。
敵を防ぎながら味方を無事に撤退させる。
まさに命を懸けた人間である。

「殿」という身分の高い人間は常に、
周囲の人間を守り、自ら責任を取り、安全を図るもの。
社会、会社、組織の長たる人間は規模の大小に拘らず、
この「しんがり」の存在を意識し、実践すべきであろう。

自分から逃げない、人の所為にしない、
事を始める前に「言い訳」の準備をしない。
自分の責任を把握し、「為すべきことを成す」の心を、
失うことなく、先陣と殿の双方を心得ること。

今、自分が置かれている立場とは？

ふだん為すべきことを考えて行動していますか？

為すべきことから逃げない為には？

誠実
自分の言動に「誠」があると実を結ぶ

誠実でない人間がなぜ人生や仕事で成功し難いのか。
それは言動に誠実性がない為である。
誠実とは自分の言動に「誠」があり、
その誠がやがて実ることを意味する。

誠がない人間は多くのことが実り難い。
植物と同じで根もなければ茎も葉もなく、
花が咲くこともない。
当然、実など結ぶわけはない。
誠とは「義・礼・信」の徳行である。
たとえ、言葉で美辞を発しても、
虚栄の言葉である為に実ることはない。

何事も人間としての「誠実」は大事。
この大事を守る為にも、普段の自分が持つ心を
省みて悪しき処は改善し、仁徳を高めることが肝要。

誠実さはなぜ大切なのでしょう？

虚栄の言葉でやり過ごそうとしたことはありませんか？

誠実性を高める為には？

豊かな人生のために・4

目先

目先の利を追うために、
畑に蒔く種を食べてしまう。
種を蒔いて、実になるまで待ちきれない。
しかし、食べた後は収穫などあり得ない。

利は「禾偏」である。

禾とは穀物。

種も禾偏。

蒔くは草冠に時。

草が成長するまで時を要する意味。

利とは時間を要し、重要な「種」から始まる。

5章

「心と体」を慈しむ

普段の生活で自分自身を見詰めることは少ないかもしれません。
その分、悩みや不安の実態が
わからないままになっているものです。

自分との対話こそが自分を見詰める時であり、
自身を直す好機でもあります。

心を観る。
身を観る。

「心身」を観る力は人生を左右します。

さて、あなたの心身がどんな状態にあるか、
すぐに答えられますか？

もしかしたら、他人が見てもわからないくらいの背伸び、
自分が自分自身を気にして少しでも高く見せようとする背伸び、
些細な背伸びをしているかもしれません。

実際に背伸びしてつま先立ちを続けることは困難です。
やがて疲れて止まってしまうように。

心も同じです。

心でつま先立ちを続けていると、自ら疲れてしまうもの。

そして、心の状態は体に表れます。
痛みが出る、誤った言動をとってしまうなど。

忙しさにかまけて、
自分を良く見せようとして、
自分の心を観ることを怠っていると、
いつまでも苦しいばかり。

自分をラクにするためにも、
普段から心身を省みることを忘れないようにしましょう。

心身
心と体は影響し合いながら「生きる」努力をしている

心は「死にたい」と思っても、

身は「死にたくない」と思っている。

身が「死にそう」でも、

心は「死にたくない」と頑張る。

自分自身は心と身で一つ。

共に「生きる」、

共に「活きる」。

どのようなことがあろうとも、

自分自身の身体は「生きる」努力をしている。

話をしていますか、大事にしていますか、自分の身体。

心は身体に影響され、身体も心に影響される。

心身一如、最後の最期まで自分の身体である。

大事にしたい「心と身」。

5章 ❖「心と体」を慈しむ

つらい時、心と体にどのようなことをしてあげましたか？

心と体の思いを知る為には？

今の心と体が求めていることは何ですか？

大小
枠を自分で決めずに、本当に大事なことを見出す

小事を大きく捉え、気苦労する人間。

大事を小さく捉え、失敗する人間。

何事にも大小はある。

小事に隠れている「大事の種」、

大事に隠れている「小事の種」。

大小に枠をはめず、それぞれの意味や価値を探そう。

自分自身に起きた事は必ず意味や価値がある。

人生における自分の失敗や成功を再度分析し、

要因を探す力が必要である。

力とは「思うこと」「考えること」「行うこと」の継続。

日々、面倒臭がることなく、続ける心を創ろう。

どのような時に大小の見当違いをしてしまうのでしょう？

大事なのか小事なのか、正しく見極める為には？

自分にとって、事の大小は何で決まりますか？

思い

思いは現実に実現することができるもの。思えば必ず育ってゆく

人の思いが現実化する。
空を飛びたいと思う心が飛行機を作り、
早く移動したいと思う心が自動車や電車を作り、
遠くに居る人の声を聞きたいと思う心が電話を作った。

過去に思ったことは「善悪」に関係なく育っている。
善の種、悪の種、それぞれに思えば思うほど育つ。
喜びは思い続ける努力によって、
やがて花が咲き、実を結ぶ。
今の苦しみは自分が捨て切れない執着によって、
苦しみ自体が大きく成長している。

まずは一足飛びではなく、
出来ることから続けて行うことが肝要。
思うこと、実行すること、忠実に行うこと、
実現すれば現実になる。

5章 ❖「心と体」を慈しむ

あなたの中にある実現させたい思いとは？

その思いを実現させる為にまず行動することは？

その思いはどのような実を結ぶでしょうか？

怨み
消えるべき怨みに執着していると苦しみが増大するだけ

人は怨みの心を持ち易い。

生きていれば怨みの心も起きる。

誰でも起きる。

怨みはやがて時が治癒してくれるが、

我執が強く、消えるべき怨みを消せない人がいる。

苦しみはこの「執着」から始まり、

「執着」が苦しみを増大化させる。

何が自分を苦しめる執着なのか、

書き出し、常に自分の心を観ること。

いまだに晴れない怨みはどのようなことですか？

なぜ怨みが消えないのでしょう？

どうしたら怨みが消えますか？

嫌な気分
嫌な言動を相手にしない心は仁徳の基本です

他人の言葉によって嫌な気分になることは多々ある。
その時にこそ、自分の言動を省みて、
同じような言動をしていないかを観る。

また、その嫌な言動を他人にしない恕の心を持つ。
恕「己が欲せざるところ 人に施すなかれ」は、
仁徳の基本であり、人間として心得なければならない。
嫌な言動をした相手に仁の心を持つ。
自分がその人間を通して「嫌なことを学ぶこと」が出来、
恕の心を確認出来る。

難しいかもしれないが、
難しいとは出来ないことではない。
出来るまで「時間を要する」ことである。
仁徳を望む、望まないは個人のわがまま。
嫌われるより好かれた方が人生はラク。

5章 ❖「心と体」を慈しむ

あなたがされて嫌なことは？

されて嫌な事がわかったらどうしますか？

恕の心を確認する為に何をしたらいいでしょう？

傲慢
傲慢な人間ほど、他人の言動に左右される

傲慢な人間はいつも他人の言動が気になる。
その言動が自分にとって有利なら気分は良いが、
忠言や助言となれば受け付けず無視か反論する。
親が子の為に栄養ある食事を出しても、
それを食べないわがままな子供のように。

傲慢な人間は資金や権力を持つと更に増長するが、
周囲の人間は距離を置く。

自分が持つ才能に加えて傲慢さという小心ではなく、
仁徳という心を修めれば、多くの人々が集う。

才能と心は比例しない。
学問に励み、仁徳を積めば、自分の才能は更に伸びる。

傲慢な人間とはどのような人でしょう？

傲慢からどのようなことを学んできましたか？

あなた自身が傲慢な人間にならない為には？

限度
人生は心が創り出す。出来る出来ないの限度は心次第

自分自身には出来るか出来ないかという、

心の限度がある。

出来ないことを出来るようにするのは心。

出来ることを出来なくするのも心。

すべては心が創り出す。

天地自然の万法に限度はないが、

自分が拓く心の道には、自分が思う限度はある。

限度を伸ばすのも、縮めるのも心。

無形の心が無形の人生を創り、

有形の財産や借財も創る。

当然、人生の喜怒哀楽や艱難辛苦も創る。

日々、自分を創る心の学問に励もう。

5章 ❖「心と体」を慈しむ

あなたが「出来る」と思うのはどのようなことですか？

あなたが「出来ない」と思うのはどのようなことですか？

出来るために必要な心は何だと思いますか？

清き水
平気で汚い言葉を話していませんか？　心の泉が濁っている証

清き水は美味しい。

汚れた水は不味い。

人に差し上げたい水は当然清い水である。

誰も汚い水は飲まない。

人間、口から出てくる言葉も同じこと。

清い言葉は受け取ることが出来るが、

汚い言葉は嫌がる。

平気で汚い言葉を話す人間は、心の泉が濁っている。

清い水は感謝され、多くの人に与えることが出来る。

自分の心にある泉は清い「仁の泉」ですか。

それとも「悪の泉」ですか。

その泉の源は自分自身の心です。

5章 ❖ 「心と体」を慈しむ

今の心の泉はどのような状態ですか？

清い泉を持つ為には？

これから湧き出す心の為にどのようなことをしますか？

気

生き生きとした人生を送るためには、心を整備しておくことが必要

気とは「生命力」。

誰しもこの「気」によって生かされている。

すべての根源である「気」は無形で、

掴み難く、捉え難い「気」はやがて有形を創る。

そして、自分自身が持つ「気」によって、人生が活かされている。

日中、気が放出され、睡眠中、気が充満する。

気が「心」を形成し、人生をも創る。

弱い気は弱い人生を、強い気は強い人生を創る。

気の力を調整するのは自分自身。

その為にも「心を整備する」ことは忘れずに、

日々、自分の心を観て、心を書いて、心を調整する。

5章 ❖「心と体」を慈しむ

自分にとって気とはどのようなものですか？

今の気、状態はどうですか？

未来に望む心の気とは？

深呼吸

呼吸は生きる力の原点。深く強い呼吸が心身に新しい力を入れる

人間は忙しさにかまけて大事な「健康」を忘れる。

健康があってこそ、人生の道を歩くことが出来る。

日々、忘れがちな「深呼吸」。

深く吸って深く吐く。

この繰り返しが心身に新しい力を入れる。

慌てふためくほど、「心が荒れて、呼吸も浅くなる」。

呼吸は生きる力の原点。

樹木の根と同じように、深くしっかりした方が強い。

根性を強く鍛えるならば、日々の「深呼吸」を訓練する。

なぜ深呼吸は必要なのでしょうか？

ふだんの呼吸は浅いですか？　深いですか？

深呼吸を日常生活に取り入れる為には？

歪む
正しくないことをしていると心も体も歪んでくる

心が歪めば、人生も歪む。

歪んだ心は天地自然の万法によって弾かれる。

歪みとは「不正」の意味もある。

正しくないことが「不正」。

この「不正」を一文字にしたのが「歪」。

ただ、心身の歪みは気付き難い。

物事が上手くいかない、

体調も良くないと思ったら、

どこかに歪みがあるのかもしれない。

普段から心身の歪みを診て、

素直な心と健全なる人生を歩みたい。

心身に歪みを感じるのはどのような時ですか？

心身を歪ませない過ごし方とは？

心が歪んだ時にどう正せばいいでしょうか？

怒り
すぐに怒りだす人は心の大きさを今一度見直してみる

小さい鍋はすぐに沸騰する。

大きい鍋は沸騰するまで時間を要する。

心の鍋も同じ。

小さい心はすぐに腹を立てる、

大きい心は腹を立てるまで時間を要する。

さて、あなたの鍋は大きいか。

あなたの怒りの沸点はどのくらいですか？

心の鍋を大きくしていく為には？

怒りの沸点を高くする為には？

徳

「仁の人生」を歩むことが徳を実践する生き方である

徳は「仁・義・礼・智・信」を実践することである。

「仁」、人を慈しむ心、恨(うら)み、妬(ねた)み、僻(ひが)みなどを持たず、
自分が辛い仕打ちをされても、心の栄養にする心。
「義」、人の約束を守る、人を立てる、人に協力する、
人の為に尽くす心。
「礼」、仁義に対して感謝の言動をする心。
「智」、自分や周囲の過去、現在、未来を観る心。
「信」、仁義礼智の言動によって人から用いられる心。

「仁・義・礼・智・信」をそれぞれに実践するのが徳。
徳は実践の言動であり、常に修めるものである。

人生の道はまさに「仁生」である。
最高徳目である「仁」を学び、
社会から喜ばれる「仁の人生」を歩みたいものである。

徳と人生についてどう考えてきましたか？

自分にとっての徳とはなんでしょうか？

これから自分がすべき徳とはどのようなことですか？

豊かな人生のために・5

雨天

雨天の時は気持ちが憂鬱になる。

しかし、花樹たちは雨天を喜ぶ。

なぜなら、自分たちで水を撒くことが出来ないからである。

天恵の雨を待つしかない。

人間が撒く場所はごくわずか。

天地自然の万法が水を与える。

人間の辛苦も同じ。

自分で撒くことは少ないが、天が代わりに撒き、

自分自身を育ててくれる。

雨天ばかりではなく、曇天、晴天も順次与えられる。

すべては自分の為に来る「天の恵み」である。

著者紹介

円純庵 心学者。一般社団法人 和の国 代表理事。西行や芭蕉、利休、良寛を好み、人生とは？心とは？を思考し続ける。特に人生の無常観を強く感じ、それを追究するために、老子、荘子、孔子、孟子、朱子、王陽明などの思想を研究し、自分自身の言葉で「心学」を綴り始める。毎日欠かすことなく配信してきた心学メッセージの中でも、「恕」の心を中心にまとめた『恕──ひとに求めない生き方』（小社刊）は、ロングセラーになっている。本書は、心を書くことで過去、現在を見つめ直し、未来の自分をつくる本である。

自分をもっともラクにする
「心を書く」本

2017年9月10日　第1刷

著　　者	円　　純　　庵（えん　じゅん　あん）
発　行　者	小　澤　源　太　郎

責 任 編 集　株式会社 プライム涌光
　　　　　　　電話　編集部　03(3203)2850

発　行　所　株式会社 青春出版社
東京都新宿区若松町12番1号 〒162-0056
振替番号　00190-7-98602
電話　営業部　03(3207)1916

印　刷　中央精版印刷　製　本　大口製本

万一、落丁、乱丁がありました節は、お取りかえします。
ISBN978-4-413-23054-4 C0095
© Junan En 2017 Printed in Japan

本書の内容の一部あるいは全部を無断で複写（コピー）することは
著作権法上認められている場合を除き、禁じられています。

心学の本　第一弾！　好評発売中

恕(じょ) ひとに求めない生き方

自分の心が自分の人生をつくる

円　純庵

心学メッセージを
毎日発信し続けている
著者がおくる
仁徳の書

恕(じょ) ひとに求めない生き方

心学者
円 純庵

自分の心が
自分の人生をつくる

なぜ、悪口を
言いたくなるのか？

ISBN978-4-413-03963-5　本体1,200円

お願い　ページわりの関係からここでは一部の既刊本しか掲載してありません。折り込みの出版案内もご参考にご覧ください。

※上記は本体価格です。（消費税が別途加算されます）
※書名コード（ISBN）は、書店へのご注文にご利用ください。書店にない場合、電話またはFax（書名・冊数・氏名・住所・電話番号を明記）でもご注文いただけます（代金引換宅急便）。商品到着時に定価＋手数料をお支払いください。〔直販係　電話03-3203-5121　Fax03-3207-0982〕
※青春出版社のホームページでも、オンラインで書籍をお買い求めいただけます。
　ぜひご利用ください。〔http://www.seishun.co.jp/〕